DE COGNAC

CHANSONS ✳✳✳✳✳

FAREMBOLES

✳✳✳ ET MONOLOGUES

En Patois dés Charentes

de

Bounicot et Goul'benêze

COGNAC

E. Vincent, Imp. Editeur, rue Saint-Martin

1904

Répertoire de Bounicot
De COUGNAT

CHANSONS ✳ ✳ ✳ ✳
FAREMBOLES
✳ ✳ ✳ ET MONOLOGUES

En Patois dés Charentes

de

Bounicot et Goul'benêze

COGNAC

Imp. E. Vincent, 86, rue Saint-Martin

—

1904

DÉCLARATION D'AMOUR

Mes aimables respects à l'aimable contour
Qui m'accorde l'hounour de parler à mon tour...
I n'faut point mentit, mes chères démouéselles
Vous avez des attraits qui flattant mes peurnelles,
Et jhe seus si hureux quan jhe seus ras de vous
Que jhe vendrez ma f ue z'y demeurer theurjous
Tous tié lés beaux messieurs qui sont en ma présence
Ne me baillant auqu'in autant de réjh ussance ;
Ils avan' des vartus, des grousses qualités
Mais y n'possédant point ce que vous possédez.
Qu'jhaime à vouer devant moué tié les charmants visaghes.
Tié les bras rondelets pus bianes que des teurmaghes
Thielé z'euil égrefin qui s'duvrant si bin
Qu'on dirait qu'in nour zia mis son virbeurtien !
Ah ! qui sont bein hureux tié les gheus de la ville
Qui pouvant près de vous fisquer leu doumicille,
O me semble l'avis qui n'avant pas de maux
Voutre aspec est pour zeux des fieurs peur des beurgaux
Y vous fesant la cour. Dame, y soit enfian.més
O n'y a.pas de tisons d'aussi beun allumés
Vous leu contez teurjhous des chouses agréjables
On ne sort point in mot de votre goule aimable
Qui ne fiatte leu tieur et le fasse piaisit ;
Quant y vous écoutant v sont tout hébabit
Vous possédez si beun le pouvo. er des z'arangues,
O y a pas d'peuroquet virer si beun la langue
On dirait beun otout que vous n'y truquez pas
Mais tout c'que vous disez emeut du haut en bas.
G'est qu'o z'y a de l'esprit dedans vos têtes fines
O y a pas d'bran chez vous. O y at que d'la farine
Et s'y j'hétis élu peur faire ithii mon choix
Jhe n'saurez peur bein sûr à qui bailler ma voix,
O me faudrait. je cré, tirer la courte paille
Mais jhe l'rem'e? tous cas ine bouue trouvaille
Et qué qu'serait l'objet qui chérait dans mon lot
Jhe l'aim'ris v ngt foués meux que l'pus gros d'nos peurot
Vous avez des attraits les ines et les autres
Qui eriant dans le cas de charmer des apôtres ;
Et quant jh' seus ras de vous jhe seus dans mes boyos
D'aimables tressaillements qui chatouillant mes os.
Tenez despeux l'moument que jhe vous tins langaghe
Mon panvre chéri corps est d'venut tout en naghe
Des grous palpitements secouant moun .habit
Jhe sens qu'au ras de vous jhe vas pardre l'esprit
Jhe sens qu'au ras de vous je vas pardre la boule
O faut que jh'me contente de vous bader la goule.

LE VIN BIAN
Sur l'air de *FROUFROU*

Peurmié Copiet

Ol'é nou z'aut' que jh'lons pianté
Thiell' veugn, qui dounn, la lithieur bianche
Ol'é b'n'a nou d'en recolté
Lé raisin qui v'nan dan sé branches.
Il' avan chantés tous lé vins
Le Bordâ, l'bourgogn, et l'champagne
Il'ant chanté lé Bier's d'All'magne
Pouvons b'chanté l'jus d'nous razins

Roufiain

L'vin bian, l'vin bian,
E thieû que reun' rempiace
L'vin bian, l'vin bian
Vaut meû qu'tout zeu vinasse
L'vin bian, l'vin bian,
O vou r'fout l'thieur en piace
in cot d'vin bian
vou rajheunzi d'vint ans.

Deuxiêm Copiet

Jh' baill'ri mé pirons mé gorets
Mé z'oueill,s mé peurots ma beurgeouêse
Putout que d'pard' mon vin Thiairet
Qui roull' lé zeuils coum in' elouêse
Jh'en ai thieûque futs sou mon ballet
Qui n'ant jhamait ayut d' baptême
Jh'aim'ris mêu n' n'avouèr 500 d'même
Que la piaç' à Monçieu Loubet

(Refrain)

Trouèziêm Copiet

Thieu vin si jholit-et si gris   .
E thièu qui fait la fin'champagne

La jhalous'ri d' ben dé pays,
Et la fortun' de nou campagne
I descent si ben dans l'jabot
I se laiss' si ben, si ben bouére
Que chaquin l' matin peur tué l' verre
Mangh'in' goulé pour bouér' in cot

(Refrain)

QUATEURIÈM COPIET

Il é doux quant il é nouvià
Pu bon peur trempé la routie ;
Quant on n' n'a trouê verr's dans la pià
Y' a poin d'anghé dé maladie
Et quant il a l'àgh' de trouê ans
Son bouchon peute ceum in' peutouêre
Il é pu jholi dan in verre,
Qu' lé z'euils d'in drolèss' de vingt ans.

(Refrain)

L'AUTOMOUBILE

Air : *Isabeau.*

« O l'est au zalantour de six ans
« Qu'all'a peurdu son joli galant...»

I

Jhe zouai vu passei comme in vent
O s'en allait sans chevau ni jh'ment
   A dret chez Brunà
   En l' mitant des bois
   S'en v'nant dret à moî :
   In' magnier, de cabeurriolet
   Qui fazait des pet
   A vous coper l' subiot.

II

Jhe me seus capi dans n'in coin.
Etout des singhes, étout des chrétiens ?
    Tout c' que jh' n'en ai vut
    O l'étoit ponélut
    Coume in cheun bourrut,
    Avec des lunett's su les zeuils
    De pour des careuils
    Et pu thiair's qu'in chaleuil.

III

Tout d'in cot o prit à corner
A pu prés dans j' ghenre des laithier ;
    A dret chez Brunà
    O trouvit in vià,
    N'en restit qu' la pià !
    J'haris baillé trois ans d' ma vi
    Qu' ma bell' mèr' s'y trouvit
    Et qu'o l'écrapautit !

IV

A Pop'grin, — et thieu n'est point reun, —
O l'a copé la qoue d'in cheun
    Passant à dret chez
    Bigot, marchand d' goret
    — Au respect que jh'vous douet, —
    In p'tit pu loin chez Baron
    O trouvit deux pirons
    O restit qu' les ccutons !

V

Vouélà qu'in p'tit avant Pouvet,
Tout d'in cot la rou à tòrné
    L'avant train à foughé
    O l'a chet dans l' foussié
    O marchait tout d' couté
    Et m'en dout' que sans l' grou pop'llon
    Qui s' trou dans l' vallon
    O l'encassait pu fond.

VI

Jhe zouai vu r'tôrner à St-Jhean.
Tout chàp'tit avec in' jhement ;
    Les deux cantouniers
    Seguiant de zou pieds
    Qu'étiant tout éralés !
    O ieu z'apprenra-t-in, au' cot
    A thiellés deux sols
    A zouatt'ler coume o faut !

PETIT ENNEUT

Parodie de : **PETIT CHAGRIN** (Delmet)

Jhamais les mots les pus jholis
Ne dérant combeun' jhe t'aimis
    Ma paure Jhustine ;
Tu zou crèras quant' t'aurai dit
Que jh' peux pu tremper la routit
    Tant o m' chagrine

Jh'ai pu l' couragh' d'èt' à mon tail
Les s'llons n'en sont tors's coum' un dail
    Et les versenne,
Ol est in sort que tu m'as jh'té
Dépeux qu' jhai vu thiau grain d' beauté
    Su ta pouètrenne.

I disiant qu' j'hétis sot c'm' in cheun
De velèr prenr' in fell' qu'a reun
    Que ses mouraine,
« Lo moud' aviant p't' èt' ben raison »
T'ues poin in' bell' inquisition
    Jh' t'aimis tout d' même !

Les reproch's sarviriant à reun
O t'est égal, jhe zou sais beun ;
    Tu aim's Natole !
Quand jh' pens's que jh' te bisis les zeuils
Et qu' tu' v'nis t'assi su mes gh'neuils
O me r'thionsole

Ol est li qui déf'ra ton lit,
Qui t' magnira tout c' que t' magnit,
    Le thieur m'en seugne ;
Ol est b' vrai qu il est pu sièsant
Il a deux cents éthius d'argent
    Avec des veugnes.

Quitt's le biser encor' in' fouèt,
Darrière l'oreill' ou b' su l' cagouet
    Ma chèr' boun' goule,
Rends zou donc à ton pertendant
Et tu peuras crêr' un moument
    Qu'il a ma goule

LA GU'ROL ET L' RENARD

In gu'rol a la tète d'un chàgne
Teunait en son bet in feurmaghe
    De form' ou d' fàme
    Qu'ét ou quo fait
Veut tu parié mel tout s' que jh' gàgne
Qu'ol était in feurmagh' de lait
In r'nard fin c'm' in lame de sàbe
Zou ayant sentu vingnit sou l'àbe
Et bonjhour s'ti qui sessit
Fouquette in gu'rol c'm' ol' é jholit

Ceum o s' tin dret ceum o Teurluze
Et tiel é z'œul son point d ine buze
Seu pà peur fair dé conpieument
Mai ben sur c' ol é tout charment
O la bell-bète ! Le diabe m'estringuol
Si l' ramaghe de madam' la gu'rol
A son pieumaghe ne neûsait pà
O s'rait l' coq de tous lé z'osâs. —
La gu'rol écoutait thieu Teurdàme
O zi chatouillait l' robinet d' l'âme...
V'la s'telle in aspère qu'an fait d' bià
E t' ou peur faire vouèr qu' sa loquence
E toute pareil a sa prestance
Duvrant la goul ceum in pourtrà
Tira deu ou trouè coac de son pessiâ
Va t' fair fout le fourmaghe dégringuol
Le r'nard n'avit point la dent molle
I zou guaffit l' grand goulifià
Avant qu'o seyit chet a bà
Ol é ben bon s' ti ma boune madame
N'on s' dégraisse le bet en pressit
Jh'avit chiqué l' vicu jô d'in fame
V'la mon p'tit dèssert grand merci
Mais, saquez vous don dan la caboche !
Que quant-on aime lé conpieument
Faut teurjou avouér la langue a la poche
On en a juste peur soun arghent

L'AQU'TRISSITÉ D' COUGNAT

Sur l'air *d'lu bal chez miniss*

PEURMIÉ VEURSET

A Cougnat dan tout' la ville
I lavant mi dé grand file
O l'é peur nou z'équiairé

A l'aquetrissité
Thieû qui a fait thiel afaire
A consulté Moncieû l' Maire
Li et sé conseillé
L'avant aprouvé.

    Aussitout
    Ben peurtout
    Su nô z'av'nue
    I' l'avant mi
    Tou châ p'tit
    Dé grande piue
    Et c'mo faut
    Tout' en haut
    De grou cordau
    Tout teûrsé
    P' faire filé
    L'aquetrissité.

Quant vin la neut dans nôs pu petit' rue
    N'avons pu b'zouin d'avouèr pour
    Non zi vouet c'm'en piain jhour
I' s' foulian d' z'eû avant d'zou avouer vue
    I' leû z'avant cloué lé balots
    O vé a thieû cot
    Vive la Cipalité
    Et l'aqu'trissité.

DEUXIÊME VEURSET

Su la pu bell de nô piace
Peur ékiairé la boun' face
D'au rouèt Françouê peurmié
I nou z'avant pianté
Trouê grande z'ëluminère
In' devant et deû darriêre
Dan d' grand pot bian jhuché
Fouit l'aqu'trissité
    Faut lé vouère
    Tout lé souère
    Badant la g'houle
    Tous lé ghens

Qui s'env'nant
Teurtout en foule
Ebarouit
Decatit
Content qu'min poulet
Qui trouv'ret
Sou son bet
In grin d' garouillet.
Si jh'eli rich' p'urtout dan ma d'meurance
De la cav' au guernié
Veurit y êt' équiêré
Jh'ari point pour de burlé mé peunance
Ol'é ben iventé
O n' peu pa s'enfiamé
Vive la Cipalité
Et baqu'trissité.

TROUEZIÈME VEURSET

J'hai tété vouèr leû z'uzine
A fi de guarc' coum o turbine
Veûri co s'aret'ret
O m' fait pour quan zou vouet
O s'en vat à gauch' à drette
O feurgourgn· o buf o pette
Faut c' mat dit in' amit
C'ol all jhour et nuit
L'é tin gran Moliman
Couvar de tubye
Ben pu gran
Qu' lé z'auvant
Dau mar de Buye
D' gran porthiau
Jusqu'en jhau
Badan la ghoul
Mé z'amit
M' seût enfouit
Ben contan j'héti
Ouèt d'avouèr vu tout' seû grand· machin'

Et d' la magnèr' c'ovat

Reun zou démolirat
Et tou ceum mouet vou s'rait hureu ma fine
A l'unisson d' chanté
Vive l'acqu'trissité
Vive la Companie
Et M sieu Tabourit.

La Droless' a Feur'nand

Su l'air de *La Nouézille*

PEURMIÉ COPIET

La Droléss, a Feurnand } bis
Allait au boué dé fràgue }
P' ramàssé lé z'agu'yaut
Qu'étiant chet sou lé chàgne
Au pié d'in chàgne
A s'était endormit
Jhamai d' sa vit
A s'y rendormirat

DEUXIÈM' COPIET

Mai v'la qu' dan thieû boué } bis
Y' avait thieu drol' d'Ulisse }
In gâs bin ghèn' ma foué
Qu'etait poin net de visse'

(1) *Répéter les 4 derniers verre du 1er coup.*)

TROIZIÈM' COPIET

Et dé qui la vouéyit } bis
Si prit son mouch' nez d' poche }
Peû aprest tout chá p'tit
I' peurnit sa galoche.

QUATEURIEM' COPIET

Mai v'la qu'a s'ébrayit   (bis
Sé z'œuil a l'équarquill'   )
Quant thieuq, chouz' la piquit
In p'tit pu aut qu' la ch'ville

CINQUIÈM' COPIET

Qu'é tout qu' tu m' fait grand sot (bis
Veu qu' tu m' doun' mé z'afaire)
Te v'la tcurjhou ton bot
D'mand' le resle' a ta mère

SIXIÈM' COPIET

Ab arivit ché zeû   ) bis
A l'heur' d' la débauchée (
Et peur sa peine son vieux
Li foutit-in' bru'ée

Petite Brunette aux zeuils bius

I

Le sou'ail se couche, o fait négre
A cause étout qu' tu veux pas m' sègre
Dis-me zou don que cheurches-tu
    Ma jholi drolesse aux zeuils bius ?
Etout que t' uas peurdu toun' oueille
Pr' êt'r hiôr' à ine heur' pareille
Et de mon couté t'en vins-tu
    Petite brunette aux zeuils bius ?

II

Dans thieu bois ol' est piein d'éronces
O y a des sarpents jh' te zou' ânnonçes
Ne t'y saqu's pas tu marcheris d'ssus
    Ma jholi drolesse aux zeuils bius ?

Apport's ta salade et ta cruche
Jh'entends déjhâ ta mèr' qui t'huche
Enrt'tôru.es t'en, tu seras battu
    Petite brunette aux zeuils bius.

PUSQU'O CADRE

Sur l'air de *Son Amant*. P. Delmet.

PEURMIÉ COPIET

Pusque jh' n'en son su la question
Tu queneû ma réputation
Jhe n' sèu poin-houm' a t' fair' apardre
Tu m' piài, jhe te piài. jh'e nou piàizous
Mé bi's aboutant su lé tous
Veû-tu qu' nous marions pusqu'o cadre ?

DEUXIÉM' COPIET

Rin qu'a vouer le bout d' té jhottous
Tu m' fri sacquer dan-in boëson
Tu sai b' que jh' t'aim ma boun' Thiârisse
Ma melounier' touch' té z'ouèzits
Jhe peurrions n'en fair' in piantit
Jh'arions qu'a coper la palisse.

TROUÈZIÉME COPIET

Quant' te sens tout seul' au ràs d' mouet
Seû beunaize, heureû c'm' in Rouet
O m'est-avit qu' la têt' me fiambe !
Tu sait qu' jh'avous dans thié vallous
Chaquin in' ranghé de pop'yous
Jh' peurions zou mette tout ensemb'ye.

QUATEURZIÉM COPIET

Et quan tout s'ra t-à nous aut deû

Le ch'vau, la torr, lé z'oueill's, lé beû

Et lé bourgniâs remp'yi d'abeuilies
Hureû, contents, jh' nous en érons
Et beun beunéz' je nous saqu'rons
Au font d' ton grand' lit-a queneuille !

LODOÏSKA

Sur l'air de *Boudeuse*

PEURMIÉ VEURSSET

A caus' étout qu' tu m' fait la feûgne
Qu'étout don que jh' tai fait boun' ghent
'Tu r'couminc' a m' traité d'areûgne
N'és-tu poin in mauvais sarpent
Seû jhi caus' qu' ta sauc' é rimée
Ou qu' ta vach'a queurvé son via
Si t'âs poin fait in' boun' année
N'en seû jhi caus' Lodoïska

ROUFIAIN

Doun' me don ta jhotte, ta jhotte poummée
Et qu'a piain ballots jh' n'en sap' in' goulée
Si jh' te biz' in cot te debouqu'ras tu ?
Dis mou zou, dis mou zou qu'as-tu, qu'as tu ?

DEUXIÈM VEURSSET

Dans l' temps jhe n' te fazi poin zire
Aneut tu m' fouit coum' in bourgau
Su mé deû gh'neuils, vin don t'assire
Jh' n'ai poin envi d' te faire d'au mau
Tu sais beun, que jh' n'ai pas la gale
Seû frai razé, jh' semb' y' in bedeau
Pusqu' aneut, jh'ai pas la goul' sale
Vin don liché més bons balltôs. (*Roufiain*)

Réponse d'elle a li.

I' v'lan pâs qu' jh' all' au bal de souère

Ol' é peur thieû que jh' seû bouqué
Tou ça peûr m'empêché d' te vouère
Et ben sur peur me fair' cagné.
Il' avan beau fair' ! moun Ughène
Jh' songh' a touet malgré tou ça
T'enghendrai poin la pu p'tit' pène
Jh' s'rai teurjhou ta Lodoïska.

ROUFIAIN

Bize don ma jhotte, ma jhotte poummée
Et qu'a piain ballot, tu n'ensap' in' goulée
Ol' a si longtemps qu'o nou f'ra d'au beun
Moun Ughène, moun Ughène jh'ai reun, jh'ai reun.

SEU BEUN'AIZE

Air *Juanita,*

REFRAIN

Si vous saviez ceum seû beun' aize
Quant-a vin s'assi su mé jh'neû-ls
Mon thieur é pu chaud que d' la braize
Quant jh' li vouet teurviré lé z œuils

PEURMIÉ VEURSET

O l'é la pu jholie drôlesse
De tout' lé drolèss' de thieû long
Sa goul' é rough' ceum in' frambouêsse
Et sé ch'veux nègre ceum' in pouèlon   (*Ref.*)

DEUXIÈM' VERSET

Et a l'é pu fine qu'in' bellette
Que n'on la melt' vour on veura
Quo séy' a ramé dè monghettes
Ou b' n'a énoughelé dé cala   (*Ref.*)

DEURNIÉ VEURSET

Et teurjhou a l'é d'arimaghe
Theurjhou veurioch' et éjhoz'lé
Y' en a poin in' dans tout l' villaghe
Qui sèghe pu aimaby' a causé   (*Ref.*)

MA PHOTOGRAFIE

Air *Envoi de fleurs*. P. Delmet.

PEURMIÉ VEURSET

Quant jhe sêu parti peur fère mé troué z'ans
Tu m'avi ben dit, ma bounn' Ughénie
Que si jhe veulit resté ton galan
Folait que jh' t'envouey' ma Potografie
Tu disit que l' temp' n' te durait pâs tant
S' tu peuvi bizé ma bounn' goul' aimée
Que tu la biz'rit en allant au champ
La mouètié d' la neut et tout' la jhornée

DEUXIÊM VEURSSET

Jh'ari v'lu qu' tu m' vouéy monté su mon ch'vau
Avequ'in grand sabe et in' arquinpète
Avéqu'in piûmet dret su mon chakô
Coum' la cou d in jhô pianté su ma tète
I n'avant pas v'lu me prèté ma jh'ment
Paç' que soué disant ma bounn' Ughénie
Atendut qu'al' ét au gouvarnement
N'on n' douet pâs tiré sa Potografie

TROUEZIÊME VEURSET

Jhe v'li m' fè e tirê de tout' moun' auteur
Ç' qu'il ap'lant-enfin, grandeur naturelle
Avéqu' mon cousin Biyel', l'artilleur
Qui s' trou' ète filleû d' la fille à Ustèle
Jh'arion ut chaquin in verr' de vin bian
Avequ' in bouteille au mitant d' la tab'ye
Mais, lé Potografe sont in p'ty chérant
Jh'on pa pu traité pr' in prix convnabye

DEURNIÉ VEURSET

Jhe v'li m' fère tiré ètant-en assiant
Où b' n'encouère apoué ou b' d'in aut manière
O l'était teûrjhou aussi chèr' qu'avant
I n'an pâs d' pitié peur lé militaire

Peur te fére piaisit, tu m'en veurâ pâs
Vôriéla s' que jh'ai fait, ma bounn' Ughénie
I' m'avant copé... lé jhemb' et lé brâs
Jh' t'énvouéy' rinq ma tête en potografie

LA FAME GHÉANTE

Air L'automobile du Colon

PEURMIÉ VEURSSET

A Cougnat le jhour de la fouère
Avéqu' moun amit Célestin
Quant j'oyullon fait nos z'afére
Jh' fuyon vouèr lé ba'adin
In gàs uché dans in' échale
Disait-zenfant entrez teurtous
Vâ vous fère vouèr' tieuqu' chouz' de rale
Lé la fame colosse, peur deux sous.

DEUXIÈME VEURSET

Nous v'la entré seu in' grand' touèle
Quant jh' voyons ent' leux rideau
In manièr' de grand fumelle
Qu'avait in fameû jhabot
A nous dessit seû jheur fille
Seû ben faite dessut et d'ssous
Et si vous vl'ez vouère ma ch'ville
Faudra teûrtou douné 2 sous.

TROIZIÈME VEURSET

Encor' 2 sous ! cré fi d' la mère
Jh'en auron pas peur nout arghent
Peur in prix d' minme vous frez pas crère
Que peurions pâs vouèr' le restant
Mais la fumelle pu fine que l'embe
Dessit zenfant raprochez vous.
Astheur' vâ vous fere vouèr mé jhambés
Et mon p'tit mollet peur 2 sous.

QUATEURZIÈME VEURSET

Nous v'la partit c'm' in' élouêze
Et v'la tou pâs coum jhe sortions
A la porte y' avait la beurghouêse
Qui m' passit in' distribussion
Sacré Calin ! Chéti ! Tête d'ane
Qu'a bayé six sous peur vouèr' reun,
Tu frit meû d'argardé ta fame
Ol'é sur qu'o t' frait autant û' beun

TA GOULE

Air *Vous êtes si jolie.* P. Delmet.

PEURMIÉ VEURSET

Ta goul' é si jholie ét ton thieur è si bon
Que quant mé deux balots v'nan s'apoué su ton front
    Seu t-hûreu Sidounie
Je bay'ri mé gorets mé peurots mé z'ignâs
Tou ç'que jh' possèd' hélas' zou metri dans té brâs
    Ta goul' é si jholie

DEUXIÈME VEURSET

Ta goul' é si jholie té ch'veux santant si bon
Qu' peur y saqué mé det m'en érit de r'thiulon
    De Cougnat-à Burie
Tu sait qu' seû point si sot que seû mal abillé
Jhe n' seû point aïsaby' veurit teurjhou t'aimé
    Ta goul' é si jholie.

DEURNIÉ VEURSET

Ta goul' é si jholie, que quant me sent râ d' toué
O me zagu' dans l' jhabot o me met aur' de moué
    M'et' avi que jh' bazie
Dis me zou ma mégnounn' veû-tu teurjhou m'aimé
Peursounne zou sarat-me me fait point cagné
    Ta goul' é si jholie

LE SANTOS-DUMONT

Air *Cadet Rousselle*

PEURMIÉ COPIET

Jhai lisut l'aut jhour dans l' jhournau
Qu'o y' at-in espèce d'animau
M' souvin quaziment pâs d' son nom
Jh' cret qu' ol'é t in noumé Dumont
Dans son balon tout c'm' in singhe
A gu'ravé sans qu' peursounn' le tinghe
Bin pu haut qu'in pop'yon
Ou qu' le grout houmiâ d' ché brandon.

DEUXIÈME COPIET

O y' avait du monde de peurtou
Et thieu montait, montait teurjhou
Le vent d' gualarme qui zou bufet
Zou empéchait d' marché tout dret.
Li qui sàrait la mécanique
Etait pu réd' que l'âs de pique
Quel biton que thieu gás
Peur pâs qui l'aye le virounâs

TROUÊZIÊME COPIET

O l' arait m'en doute jhoint l' soulail
So n'avait pâs chet en pagail
Mai v' a qu'a forç' de zou bufé
Va t' fair' fout la veuz a queurvé
O s'é fait pu vite qu' in' élouâze
O l'a boun' jhent peurdu son gâze
Et chet en malliochon
Jhustement su l'tet d' in' maîson

QUATEURZIÊM COPIET

Chaquin dessit H é ceurvé
O faut-allé l' déze cruché
Mai thieu l'arrengn' qu'élait en l'are
Pendut aprêst in fil' de fare

·S'ébrâyit bayé m'in' échale ! ..
Jhe n' me tin bon que peur in' rale
Seû sauvé peur thieû cau
O y· at qu' le ballon qu'a daû maû

DEURNIÉ VEURSET

Créyet vous tout-minme qu'y a dé ghens
Qu'avant d' la chanç mé bons z'enfant
Si cheyit a c' men d'mon poumié
O l e ben sur que jh' me turié
A c' qui parais qu'thieu l'arr' d'au Diab'ye
O s' pâurait beun qu' la piâ y'en sabe
Dit qui veû r' couminçé
Quan son balon s'ra poutassé

BAVOUZE

Air *Charme d'amour.*

PEURMIÉ VEURSET

Jhe t'aime paç' que t'é pàs bavouze
Pac' que t'é jholie ceum in jhoure
Quant jh' te vouet seû pu chaud qu'in foure
M'as tu prit l' thieur ou ben aut chouze.
Je t'aime paç' que t'é pas bavouze.

DEUZIÈME VEURSET

Thieû que j haime o lé ton sourire
Fraie baumé c' m'in pied d' baz'lit
Ceum' in p'zà qui vint d'épanouit
Su té jhotes qu'on dêret de la cire
Thieu que jh'aime o lé ton sourire.

TROUÈZIÈME VEURSET

O l'é té teûtons que jh'adore
Pu rond qu' la boul' d'nn jeu d' rampau

Dur' coum' l'enthiume d'au marichau
Raid' coum' le r'meuil' d'ine jhène tore
O l'é té teutons que jh'adore

QUATEURIÈME VEURSET

Jh'aime ta goule quant tu chante
Ta goul' si jholie qu'on creret
Entende le pinson à grou bet
Subié au bord de la Chérente
Jh'aime ta goule quant tu chante.

DEURNIÉ VEURSET

Jhe t aime maî que toutes lé z' autes
Quant jh' te tin su in barguenâ
Tu m' cri lâches me tu m'éral'râ
Et qu' tu te lèsse supé lé jhotes
Je t'aime maî que toutes lé z' autes.

Stances a Suzoŋ

Air Stances à Manon

PEURMIÉ VEURSET

Suzon vouéla le soulail'
Vin pataughé dan l'égail'
Ameune ta vache bianche
Vin z'écouté lé chansons
Dé marle et dé pinsons.
Pusqu'ol' é aneut dimanche

DEUXIÊME VEURSET

Ah ! Jaisse me dont tantou
Bizé ton néz pécotou.
Et té ch'veu bion de filasse
Lésse me tous bounement

T'aimé ben hounêtement
O m'é dou coum de la m'lasse

Trouêziême Veurset

Tout le long d'au grand chemin
Jhe te baillerais la main
Jhe te superais lé jhottes
Ah ! Zuzon jhe te dis thieû
N'acoute point thieu monçieu
Qu'a t'in' habit-ét dé bottes.

Quateurziême Veurset

Qu'import' a mon thieur brulant
Que t'aijh' pâs d' rob' a volant
La teune é ben pu jholie
En me foutant dé sotrâs
Jhe vin te tende lé brâs
Eh-tou donque ine folie.

IZABAU

PEURMIÉ VEURSET

Ol'ét-au z'alentour de six ans.
Qu'-al a peurdu son jholit galan
   Il l'a délaissé
   A sa voulonté
   O la fait ben cagné
   Et tout son pu grand désespouèr
   Ol' é de savouère
   Quand a peura le r' vouér

DEUXIÈME VEURSET

Au bout dé six ans tout au plus
In grand monçieu s'est-envenu

Frapit au portau
Fi jhapé Farrau
Demendit-Isabau
Sa mère répounit-a l'instant
Ma fille est au champ
Seriez vous soun' amant..

TROUÈZIÈME VEURSET

Sans entende d'aute discour.
Va trouvé sé tendre z'amour.
La trouvit sous l'hourmau
Gardan son troupau
Tournant son fusau
Li dessit ma belle, mon thieur
Reçouet mé faveurs,
Jhe seû ton sarviteur

QUATEURZIÈME VEURSET

De mon sarviteur ne m'en parlez pu
Vouéla six ans que jhe ne l'é vu
I parlait patouê
Vous éte in bourghouê
Sortez de thieû bouè
Voute couêfur' en cofinâ
Fait poure a mé z'ignás
Retournez su vos pâs

GINTIÈME VEURSET

I prit-in ton doux coum' dau miaú
Li dessit ma belle Isabau.
Toun' amit Bounin
Mourr'ra de chagrin
Si n'a pàs ta main
Thiaû l'accent li copi les bras
A chéyit prec' qu'abâs
A le re'quenêussait pàs

SIZIÈME VEURSET

Si vous éte moun' amit Bounin

Ol' èt-in fait ben sartin
   Que Bounin baufinton
   En dessout d'au menton
   Avait in grou bouton
   I prit sa barbe entre sé dèt !...
   L'écarti tout' afait
   A vouéyit thieù segu'ret.

DEURNIÉ VEURSET

I s'enrtourniant a la maison
Teurtou, ben pu gai que pinson
   Ol' avait lé z'ignàs
   Refrougnan du calà
   Qui ne se presian pàs
   Sa mère arrivit jusqu'a nous
   Jhe nous sautiont au cou
   N' z'embrassan coum' dé fou

LE BALZAR

PEURMIÉ COPIET

Ol'é dans thie'é pay étranghe
Qui l'avant en peurmié pianté
Peur met' lé nout en' anghe
Thieù bon bidet z'at aporte
A thieù c'a t' oyut thie glouére
Jhe deurions châ matin
A sa memouère bouère
Le peurmié cot d'au vin.

REFRAIN

Ol'é l' Balzar, Balzar qui doune
Longue vie et boune
Tant qu'on bouéra d'azar
O faura d'au Balzar

Deuxièm' Copiet

Le bian ramé le nègre charle
Le Coudaigne le Sauvignon
Sont lé quat rasin qu' non parle
Peur ét' manghé lé pu bon
Le Couloinbar' sar a fère
In suparbe vin biant
La folle é peur la chaudière
Mais la fieur' dé visant.   (*Refrain*)

Trouêzièm' Copiet

Thiélé qui v'lan dé crâne fumelle
L' pu bon cru vour c'o n'en a
Ol'é chassor Luchat Lapinelle
Neuvicq Sigougne et Louzignat
A son corssé et douce
Et quand d'au pien fond d'au thieur
Vous bizet zeû frimousse
Ol'é coum in' lithieûre.   (*Refrain*)

Quateurzièm' Copiet

Thiélé qui, d'vant lé drolèss'
Son lé pu pourou, lé pu sot
V'nant in jhour' pien d'ardiess'
Ançin qu'il avant but-in cot
A jheun leû paure goule
Beuguait et trembiait teurjhou
On arrait dit dé poule
Astheur ol'é dé jhau.   (*Refrain*)

Cinzièm' Copiet

Allons amit saquelotte
Raisin trot mur' ol'é t-in défaut
Lé chàrte lé thiûve lé z'otte
Faut lé ben paié c'm' o faut
Qu'in bià temp nou z'aghide
Peur nou guignette en main
Jhe foutron l' quan a vide
Et jhe revinrons pien.   *Refrain*

Les Belles-Mères

Sur l'air D'un oiseau qui vient de France

PEURMIÉ COPIET

Iu bià matin je m'ennalit
Pr' écabousé d'au bié d'espagne
Lé gueurlets fesian lèu cricri
Lé z'osias chantian dan lé chagne
Lé jò entounian leû chansons
Lé mistu ne s'en priviant diêre
La douce vouaî de ma belle-mère
Rezounait dans toute la mèson

REFRAIN

Hureû d'avouér' in' belle mère
Quant o fait de l'ève et d'au vent
Si jh' vèu voér d'au mauvais temp   *(Bis)*
Jhe n'es pâs b' soin de sorti d'ouére

DEUZIÈM' COPIET

Le matin a me fait levé
Deu z' heur' avant c' ol équiarsisse
Et tous lé souér' o faut s' couché
In p' til avant qu'o néguersisse
Alòr' a tempète et o faut
Porté son lait sa nourriture
A me zou jheute à la figure
Sl a n' zou trouv' pas assez chaud. *(Refrain)*

TROIZIÈM' COPIET

A 10 heures jhe vâ ra rollé
A 11 o faut que le feu flambe
A 12 o faut vouêr l' heur' c' olé
Et me li mett' in chây aux jheimbe
A deû jhi demende bell' meman
Veuderiez vous de la tisane
... Jhen prenrais dans in' heur' grout-ane
O lé sa mon remmarciemeut.   *('Refrain)*

QUATEURIEM' COPIET

Thieû matin quand jhe revenit
D'écaboussé nout bie d'Espagne
Ma belle mère chantait dan son lit
Et tous lé z'osiâs dans lé chagne
Savait vous peurcoué qu'a chantait
Et qu' thieû jhour al' était si fiére
Jh'ali avouér' in p'tit bià frère
Et o la regadiardissait   (*Refrain*)

Le temps dé Métive

Air *Le temps dé cerise*

PEURMIÉ COPIET

Boune quant jhe s'ront au temps dé métive
Qu' la séy' et l' feurman chèrent-à pilot
          Souc noute faucille
Avour pourais jhi râ de toun' oureille
Marmusé châ p'tit lé pu jholie mot
Boune quant jhe s'ront au temp dé métive
Lé galant zeû tou cherant a pilot

DEUXIÊM' COPIET

O me fait piaizi le temp dé métive
Surtout quant n'on va seughé tout chaud'ment
          Avequ' sa bitoune
Tout l'long d'au çeillon vous parlet qu'o soume
Et d'se supé l' bet n'on n' fait pâs semb'yan
O me fait piaizi le temp dé métive
Et on' é hureû d'allé bien piangh'ment.

DEURNIÉ VEURSET

O bazit ben-tou le temp dé métive
Pac' que dans thié jhours nous sont queneûssut
          Avéqu' marjholaine

Jh'embauchions tous deux dan-in champ d'avouéne
Et ceum' in cot d' fouet !. Thieu peupin néçut
O bazit bentou le temp dé métive
Pac' que dans thié jhours nous sont quencûssut.

LA SAINT D'UTROPE

Air *Viens Poupoule*

I

L'aut jhour la bourjhouès' me decit :
Jh' veuris p' tant point mourit
Avant d'avouèr vu tout mon sout
Thiell' Saint d'Utrop' moué tout.
Jh'att'lis la grise au char à banc,
O mouillait à pien temps !
Quant' in' femm' couminge à soubrer
O faut trr'jhou céder.
    Jh' dis Lisâ
    Tu m' creit pas
    Jh'allons nous enfond' la piâ.

REFRAIN

Vins ma boune (*bis*) vins !
Quant a s'ra t-enfondut
Ta calott' s'ra prr'dut
    Ah !
Vins ma boune (*bis*) vins !
Tu n' veux point m'ecouter
Et jh' m'en vas t' contenter.

II

A Saintes in cot la jh'ment dét'lé
Lisâ v'lut s'en aller
Vouèr nout' cousin jharmain Arness'
Qui fait l' méthier d' frâtéss'

Mais vouèlà qu'Arness' nous decit :
— Que faut-ou vous sarvit ? —
Jh' dis : jh'venons point prr' vous jhin-ner
Mais jh'ons pas déjhuné !
    — Ah ! qui dit,
    Paur' z'émit
Ma femm' vint jhuss' de sortit.

REFRAIN

Vins ma boune (*bis*) Vins !
Jh' vouèt qu' jh'avons des parents
Qui sont beun invitant
    Ah !
Vins ma boune (*bis*) vins !
Jh'avons nout' boutillon
Jh' frons le p'tit colation.

III

Su la piaç' jh'arrivons bintout
Et o mouillait trr'jhou !
Prr' pas s'enchouit tout dau long
Lisâ r'leu'v ses col'llon
Jh' couminçis d'avè l' virounâ
D' vouèr tôrner les chevaux d' bois,
Darrièr' ma femme in jhèn' bian bet
Qu' rriait : jh' vouet ses mollet !
    Jh' dis : peurot,
    Boug de sot,
N' n'as-tu jhamais vu d'aut' cot ?

REFRAIN

Vins ma boune (*bis*) vins !
O faut point v'ni t-éthy
Prr' vouér des jhent d'esprit
    Ah !
Viens ma boune (*bis*) vins !
Ou jh'zi cop' le subiet
Avec ma main su l' het.

IV

Sous les tend' l'eau pissait d' prr' tout
Et jhétions tous fagnoux !
Qu'o dit Lisà : l' temp s'ébell' pàs
Si jh' nous arrachions de là ?
A l'aubarjh furons vit rendut,
Coum' la jh'ment avait but,
Nous v'là parti-t-et l' long d'au chemin
Lisà m' disait : Jhustin
      Quel enneut !
      Jh' zou r'queneut !
Jh' dis : jh' nous rattrap' rons thiétt' neut.

REFRAIN

Vius ma boune (*bis*) vins !
Jhe f'rons nous aut' étout
Nout' Saint d'Utrop chez nous
      Ah !
Vins ma boune (*bis*) vins !

. . . .

Et thiell' neut jh' fazirons
In jholi p'tit r' veillon.

LE PU BON

MONOLOGUE

I

O n' n'a jholiment d' goul' fine
Qui passant prr' des gormand
Qu'aimant beun la boun' thieuzine
Qui sont content qu' quant' i manjhant
Les moncieu — quant' o s'adoune —
Aimant beun in' boun portion ;
Mais jhe cret — Dieu m' zou pardonne —

Qui savant pas c' qu'est bon !

II

I savant pas c' qu' ol' est d' la pire !
I quencussant pas l' jhigourit !
Les œufs d'areng, o leu fait rire !
I l'aimant qu' le poulet routit !
Et encore y manjhant qu' les ales ;
Et ! parlez m' dont d'in bon chauss' gnon ;
Mais zeux : zou trouvant trop sale ;
Et... ol' est l'pu bon ! *(très accentué en montant la voix)*

III

Dés au matin prr' tuer l' verre
I prr' nant leu p'tit chacolât.
Prr' ine homm' qui travaill' la terre
V' là c' qui f'rait in boun estomat !
Dans n'in r'pas, à la sarviette,
I manjhant dau routi d'mouton
Mais i zi mettant pas d'monjhettes !
Et... o l'est l' pu bon !

IV

Ah ! les truff' vouèla c' qui les fiatte.
Et o sent l'goret à piein nez !
Jh'aime autant manjher in' patate
Jhe frai in pu bon déjhuner ;
Il' aimant otout les heûte
Mais pas d'saucisse avec, non,
Et i créyant s'y quencûte ?
Et..., ol' est l'pu bon !

V

A coûté d'in' dame de la ville
In jhour manghis dau court-bouillon :
Ah ! qu'a disait les boun' z'anguille !
— Mais a manjhait pas l' bouillon. —
Eh ! jh dis, vouèvons là, maîtresse,
Etout qu' vous aimez pas l'egnon ?

Qu'a dit : non, c'est qui ya trop d' graisse !

parler pointu

*(En s'en allant, et en riant
d'étonnement et de mépris :)*

Alle avait thitté l' pu bon !

———————— ‹•› ————————

LE BITON

(MONOLOGUE)

I

Le défin vieux Châgnut, natif de Migron
Dans son temp mé z'enfants, at-été in biton.
Vous, v' s'étiez trop ghène ; vos ançien l'an
[c'neûssut]
Peur moué jh' vous asartaine ; que d' ma vie jh' n'es
[vut !]
... De St-Jhen a Matha, ou d' Cougnat à Buri
In biton d't hic trempe. Sans vous dir' de ment'ri
Il' avait dé mains, largh' coum' dé badrâs !...
Rinqu'avequ' son p'tit det y vous foutait-a bâs.
I portait-in' roue d' charette su son menton !..
Vous parlez d'in biton !...

II

Jh' l'es vut ce'tm jhe vous vouet in'essièu su son çou,
Dansé c' m'in peurdut in' sèré d' Payou,
Avequ'in' picnn' hoté, de tienze baquet d' raisins
I marchait de r'thinlon, sans s'aghidé d' sé mains
Pu lib' qu'in singhe !.. y fesait l' châgn· dret
I sautait la riviére sans parch' ni piquet.
Pu fort que lé z'arthiûl l [lé z'a tous leûté,
Lé z'in emprè lé z'aut, in jhour de Marèté
Ah '.. çé qu'ol était in' houm ! vous en répon !..
Vous parlez d'in biton !...

III

In jhour, qui v'nait d' diné chez la Guiton,

I parvit d' manghé, tout in routi d' mouton.
I manghi jhusqu'a l'ou n'en resti pâ in' miette
S'ol' avait falut y manghait lé z'assiettes
Jhe m' seû laissé couté, qu'in jhour de mardi gras,
« Aneut encouer, o s' dit dans l' pays bas !.. »
I manghit, souéxant' crépes, y peuviant l'veûrti
Souéxante crépe sans bouére, quant-y boyut fini
Hum l s'ti jh'en ai pâs ma r'fexion
        Vous parlez d'in biton !. .

IV

A cinquant-ans, y brâssait thielé droléss'
Peur jhâzé, il était pis qu' la ghènèss'
Lé peurnait dans thié bal, lé f'sait virouné
Et peu tout d'in cot, quant-a l'étiant ceûrvé
I leû disait en a tu ton contant
A disait : Oué l l l'apouet su in banc.
Mai, a quoué sartout d'avouér' bounn' échine
Puc' qu'o faut sussé l' pissanlit p' la racine
Li bounn' ghen il é bazit y s'rrouet sou in touet
La charpente et le thyub' y'avant chet su l' cagouet,
… Il é mourut tout conplant…
D' thie bitons, on en fait pu malhureus'ment ».

×◦×◦×

IN QU'A PAS D' CHANÇ'

(*Histouér-senti-mental*)

V'lez vous vouér in paur houme, qu'é beun à piende, et beun. argadez dret d'vant vous-o l'é moué !

Ah' voué seu beun a piende-allez !..

Maghinez-vous mé paur z'amit qui sont teûrtou malade chez nous, et ben malade otout !.

Ainsi, o l'a ma tante Nurotte qui quene theurjhou, o y'é v'nu, in concert dans l'jhabot, et vous proumet qui la demeune raghement, jhe seû obyigé d passé toute lé neut, puç que, son paur houm' é soufrant li tou, il é t-afubyé d'ine maladie qué point bounn', v'l ap'lan sa la Danse-dé saint quille.

O lé ceum' la beurgouéze, o y'é v'nut, un ve-
locipéle su la goule, et avequ' thieu, a l'é t-
atcinte de l'absurdité la pu comp'yéte « coum zou
dit si ben l'instituteur » o li doune dé z'aluçinas-
sion, qu'a ni vouet reun, et o te li fou dé coli-
ques, castor, castor Le Med'çin dit ben, vau meü
qui dit, qu'o séye, qui dit, lé colique, qui dit,
qu'al' at, qui dit, que si o l'était lé colique, qu'ol
était, qu'on creyait, qu'al avait Enfin ! n'on n' sait
point s'ol é dé colique Frenetique, dé colique Epa-
tétique, ou b' dé colique en pion, lé z'ara t'elle,
lé z'arat t'elle pâ t-elle, o faut t'atende.

Et astheur, vous vouévez, la, moué qui vous
cause, et beun, jh'ai coum dé z'espèce de démen-
ghement peurtout, le med'çin dit que jh' seü cou-
vare d'Esquimau, le nez me chatouille, me cha-
touille, jh'en prend peurtan d' la poude de Scamonné
o sar t'a reun, o lé coum si jh' pissit dan n'in
violon p' le fére jhoué.

Vous creyet p' t'ére qu'o s'arête a moué. Ah
mon ghieu. Et ma belle mére Félicité, elle, dans
l' couminç ment n'on creyet, qu' sa maladie était
dans l'ormoir, mais, dans l'ormoir epinière, a voua l
o s'a changé en fuxion d' pouètréne, o y'at des-
sendu dans sa paur tranché en terre, et o y'at
foutu t'ine bufe si forte, que jh'avons pour qu'a
la parde.

Ainsi nout med'çin, monçieu Audurau « qué
peurtant un bon med'çin » é v'nut à matin, et
m'a fait ine ordounançe.

Vous sz'allez vouér s'o n'en faut peur nous souégné
Ol' a ine portion peur Félicité, faite avéque deu
z'espéce d'eau, de l'eau d'anon, et d' leau bourri-
qué, et faut qu' zou mett' dans ine bouteille, bou-
ché hérétiqu'ment, et mélé avec dé gros-mur de
portassionne

Peur ma fame, faut la fructionné avequ' de la
çolle, mais d' la colle camphré, peur l'endormit

faut li fère bouére ine infuzion d' pavé. la neut,
faut zi bavé d' la tizane faite avequ· deu ou troué
sous de salté pareille, et le matin, faut que jh' la
badigouinçe avequ' de la peinture d'idiote.

Eh moué, astheur !.. crevez-vous qu'o m'en faut
pàs otou. que si C m· faut, de l'heule de croton,
et peur copé la fiéve, vous crevez p· tête qu'o
s' cope avequ' in coutá ?.. T'an fou voué. O s'
cope avequ· de la surfaçe d'équilibe, et peu em-
prêt, y· v'lan m' cotérisé avequ' de la mitráille
d'arghent. Et peur me douné dè forç « vous cre-
vez qu' faut pàs ète trop chélit ». 1 v'lan m' fère
avalé d· lordure de fère, seu peurtant. pàs zirou,
mais o m· fait zire tou te même.

Enfin ! jh' vá me mette a l ouvraghe,. mais..
o v'at-ine bouteille peur Félicité. le farmaçien m'a
dit qu'o folait l aghité. Astheur, é tous, la bouteille,
é tous Félicité, jh'en sait d' reun.

Dizez dont ?.. Vá lé ragouyé toute lé deux.

La Vighilenç' de la Vieille Rav'nelle
Histoire vrái

In jhour, la métréss' Rav'nelle-dessit a son
bistró (Bitounà de Biouc :)

— Dis dont p'tit ?. Tu vá peurparé le bout'
yon tu metrá dedan de quoué manghé, et demin,
de boun' heur' jhe feuiron a la fouère de Cou-
gnat

— Si vous v'lez beurgouéze !
Lé v'la partit...
Arrivant à Cougnat. il allant su la Piaçe de
la Sou Peurfecture, o y· avait tout-in tàs d'ba-
ladins, y' avait in' messagh'ri qu'avait de louc
o y'avait la fame géyaute, y'avait la fame pià
d' biqu', et enfin dé ch'vau d' boué.

— Amm ! qu'o dessit la Rav'nelle, veû mon-
té d'ssu o me rapeul'ra ma jhéness' Tâi assit-
te su thieu bout'yon, et attend me.

Alaur, v'la la viélle qui dounẹsé 2 sous, mon-
te su in ch'vau, et tuu ut.. zou v'la partit

Va t' fère fout, a forç' de viré, la tête virre
a la viélle, a v'nit s'abatte, au râs de Bitounâ.

Aussitou a r'levit sé cot'yons et a li dessit a-
tu vu drole ma vighilenç'.

— Et... voué, qu'o dessit Bitounâ,.. l'é vut
mais... savit pàs qu'o s'ap'lait d'mème !...

LA MALIÇE D'IN' FUMELLE

(ou l'Histouère din-Pouiye)

— Bonjhour Pianghette.
— Bonjhour maît' Nouérau.
— Pianghé é t'y lâ ?
— Non, maît' Nouérau. A cauz que li v'lez
vous ?
— Eh beun, veurit li d'mendé, si d'min ma-
tin d'bounn' heure, y peurait v'nit m'aghidé a
batte mon bié.
— Vouêt point d'empèche, mon paur' fi, zi
dérai quand y s'ra v'nu.
— Allon, conte su li ? bonjour Piangette.
— Bonjhour maît' Nouérau. Bonjour â la
Nouérande.
— Oué, manqu'ré pàs,
(Piangé arrive)
— Dis dont Piangé Nouérau a v'nut té d'men-
dé peur que t'al y' aghidé d'min a batte son
bié.

— Eh beun, ma paur' fame, y' érais, d'
bounn' heure

Le lend'min-au matin, Piangé s' l.uv, et s'enfouit.

— T'atarze pâs teurjhou, qu' dessit sa fumelle, t'attlend'rais a six z'heure peur manghé, si t'é pas v nu, tant pis peur toué tu mangh'rà ta soupe frède.

— Vouet !. .

Arrive chez Nouérau, y s' metan a tué l'var, et, lé v'la att'lé a thiel machine de querve sot, peur batt'.

Va te faire foute, amprès déjhuné, Piangé, qu'était bouu' ghen, tout acabassé, s'ennalit s' couché dans l' paillé, peur fère l'assiette in mouman « coum dizan thielé monçieu d' la ville » et y zou trouvit si bon qui ne se réveillit qu'le souèr a sette heure

Eh beun ! seû en bon garret m'en douie que la malési, va fère jholie, elle qu'é jhalouze,... jhalouze... c'm' in cothiu d' grand'ville. T'ampi, aprest tou a dêrat s' qu'a veura m'en fou.

Pianghé arrive ché li a vuit heures.

— Et beun ?... d'ou ving tu ?... é t'ou l'heure de v'nit, ceum te zou é sunifié tu la mangh'ra frèd' ta soupe.

Et v'la thieû paur Pianghé entrin d' manghé sa soupe, Tout d'in cot... o l'piqui dans l' cagouet, se grati se grati, quant ente le pouce et l'indesqu' y senti thieuqu' chouz de grou. O cheyit su la tab'ye. Hum !... mé z'enfant, in pouye, in pouye, grou c'm' in grin d'orghe, sa fame zou voué t'elle pâs !...

— In pouiye l.. in pouiye a toun' aghe l... t.as pás jhonte l... a l'étian b' prope, m'en doute, thielé fumelle.

— Ah l accoute, Zulma, feurm' ta goule l. n'en dit pâs maî, ou jh'te fou moun' assiette à calotte, pienne de godaîlle p' la goule.

— Voué té in pouiyou l... pouiyou, pouiyou, pouiyou.

Enfin, o s' passe. La neut passe dessut, et
lle lend'min, tout-é acommodé.

Tieûqu' temp emprè, in Dimanche, a li des-
sit.

— Dis-don Pianghé ? Ving dout me m'né
ma civière au bord de l'éve, veû allé lavé
nout linghe.

Si tu veû ma paur fame, qu' dessit Pianghé.
En infet. I peurnit thiel' civière, entàssit
d'ssut l'panié d' linghe, le lavoure et l' badrâs
et en route peur le lavaghe.

Arrivé t au bord de l'éve, a peurnit son pa-
nié et c'minçit a sorti sé mourènne. Tou d'in
cot !.. voueyit elle pàs thiel chemise, que soun,
houm' avait quant y l'atrapi thieû pouiye l...

Tu lé vouet, qu'a dit, và lé lavé té z'arga-
gnasse T'â pa jh'onte dit l... grand pouyou.

— Ah l écout que dessit Pianghé, n' r' cou-
minç' pàs ou jh'te fou dans l'éve.

— Pouiyou l Pouiyou, voué t'é in grand
pouiyou alime l.. I te l'empougnit peur sé
jharguillon la fouri dans l'éve jusqu'ou jhabot.

— .. Pouiyou, Pouiyou. qu'a disait teu jhou.

Il l'enfoncit jhusque peur dessu la tète a ne
pouvait pu dire pouiyou l . Et beun a leuvit
sé deû bràs en l'arr et a fazit thiouqué sé
deu z'ongu'ye coum si a n'en avait éhouiyé in.

Créyez vous qu'a n'en avait, in grin de ma-
lice thiel' fumelle ?...

Avis

Les "**ŒUVRES GRIVOISES**" de Bounicot de Cougnat, tels que :

Comment jh'lai eyut (histouère du temps des fauches).

Lé Ballons ou l'histouère d'in Sabiâ.

Lé Deu trous ou ine sarvante anbété.

L'Fusit à deux Cots ou l'parit d'in thiûré a sa sarvante.

Ne pouvant être lues par tout le monde, l'auteur a crû bien faire de les réunir dans un recueil à part, qui sera vendu 0.50 cent.

Les personnes désireuses de se les procurer voudront bien s'adresser soit à Bounicot, rue de l'Ile d'Or, soit à l'éditeur, E. Vincent, rue Saint-Martin, à Cognac.

9 782019 220419